Schwierige Dinge, Die Wir Tun

LABYRINTHE FÜR ERWACHSENE

ActivityCrusades

Veröffentlicht von Speedy Publishing Canada Limited

1

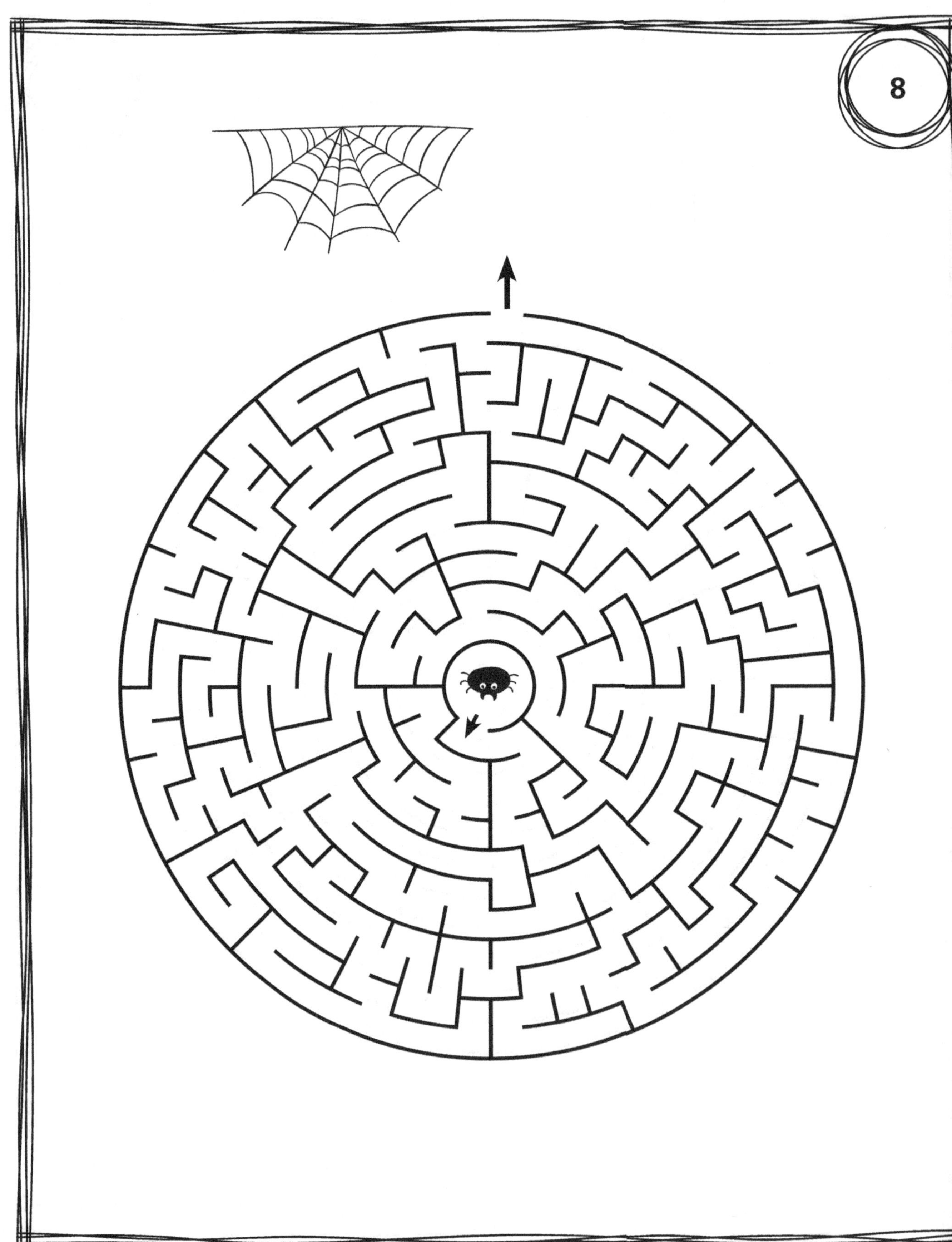

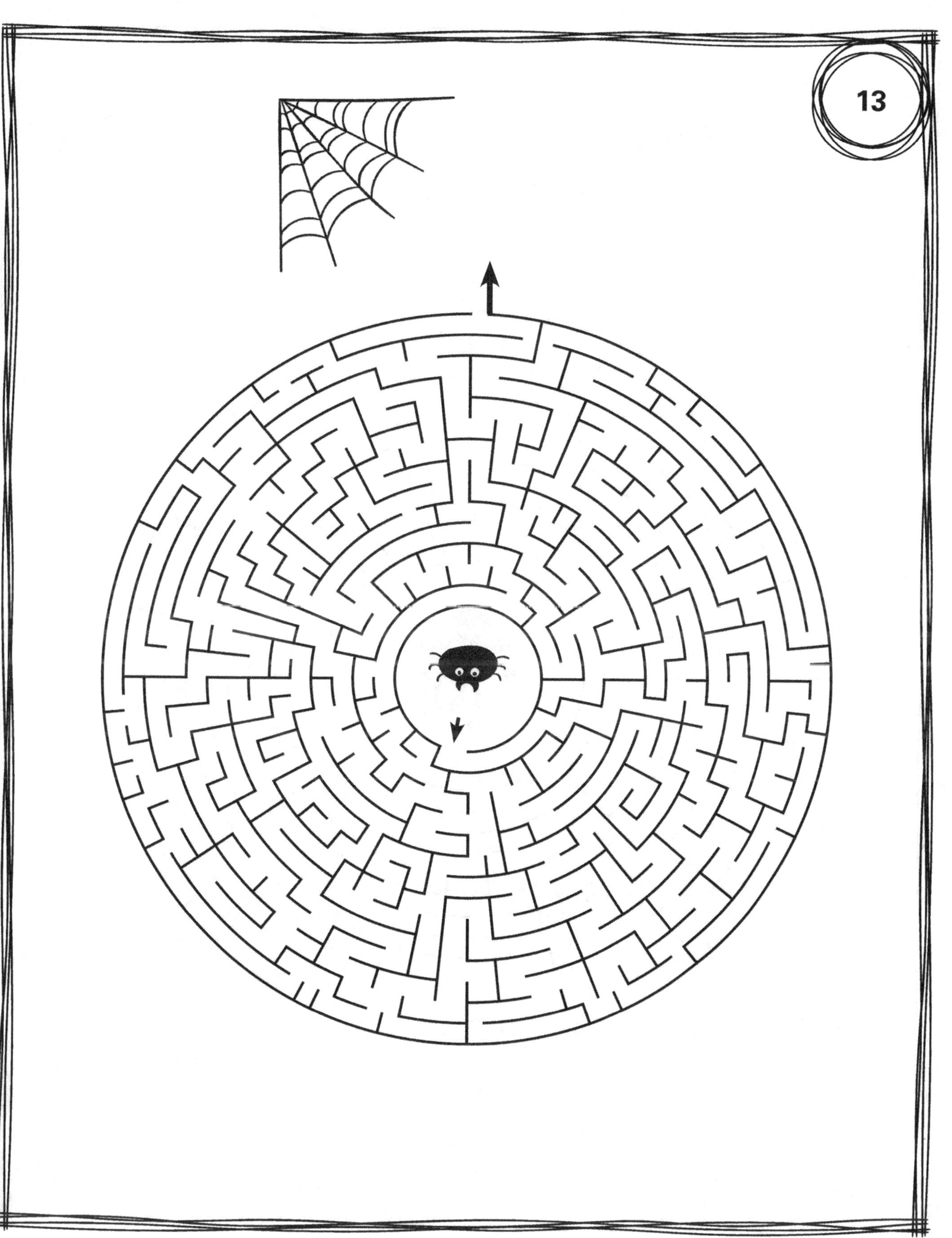

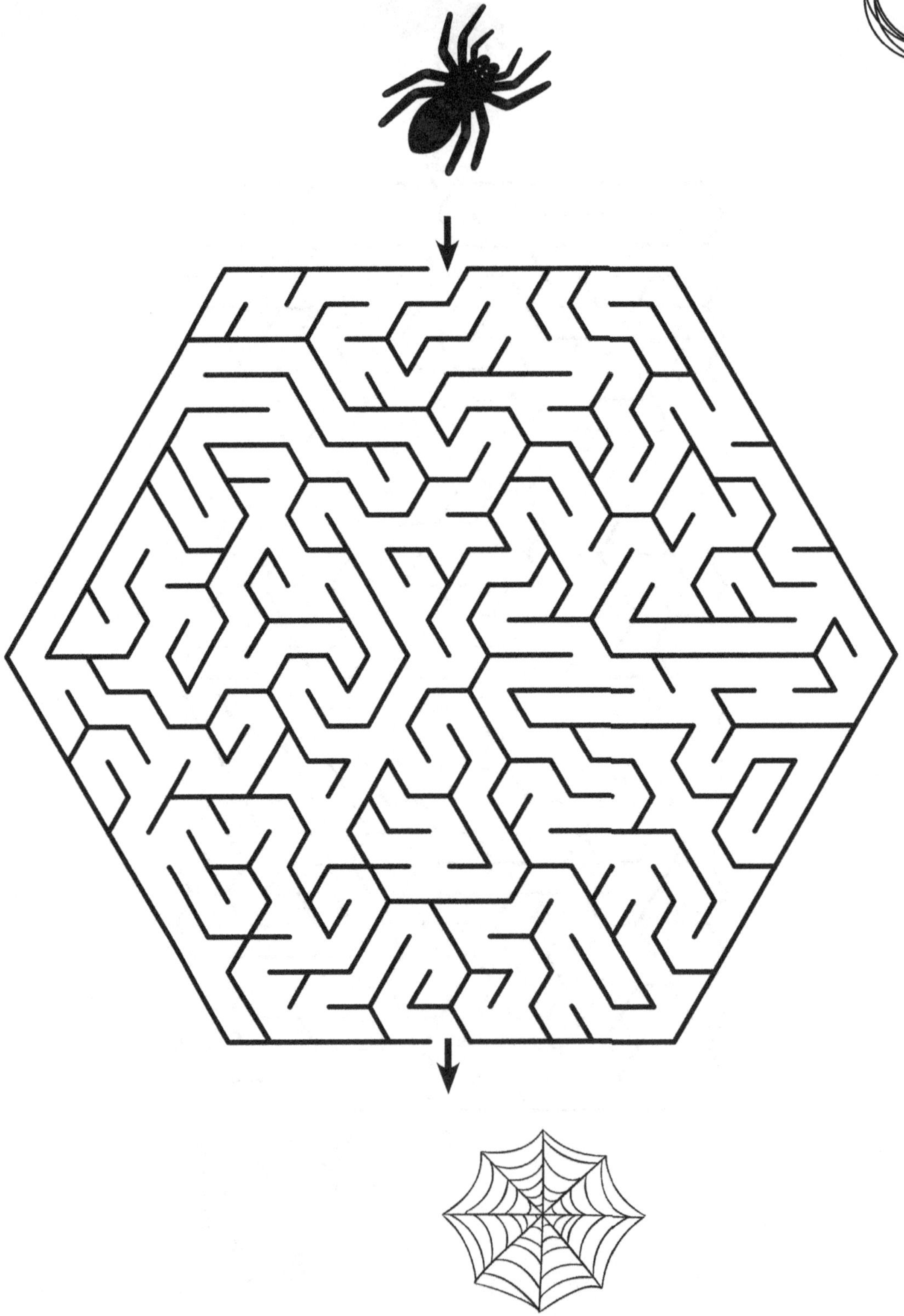

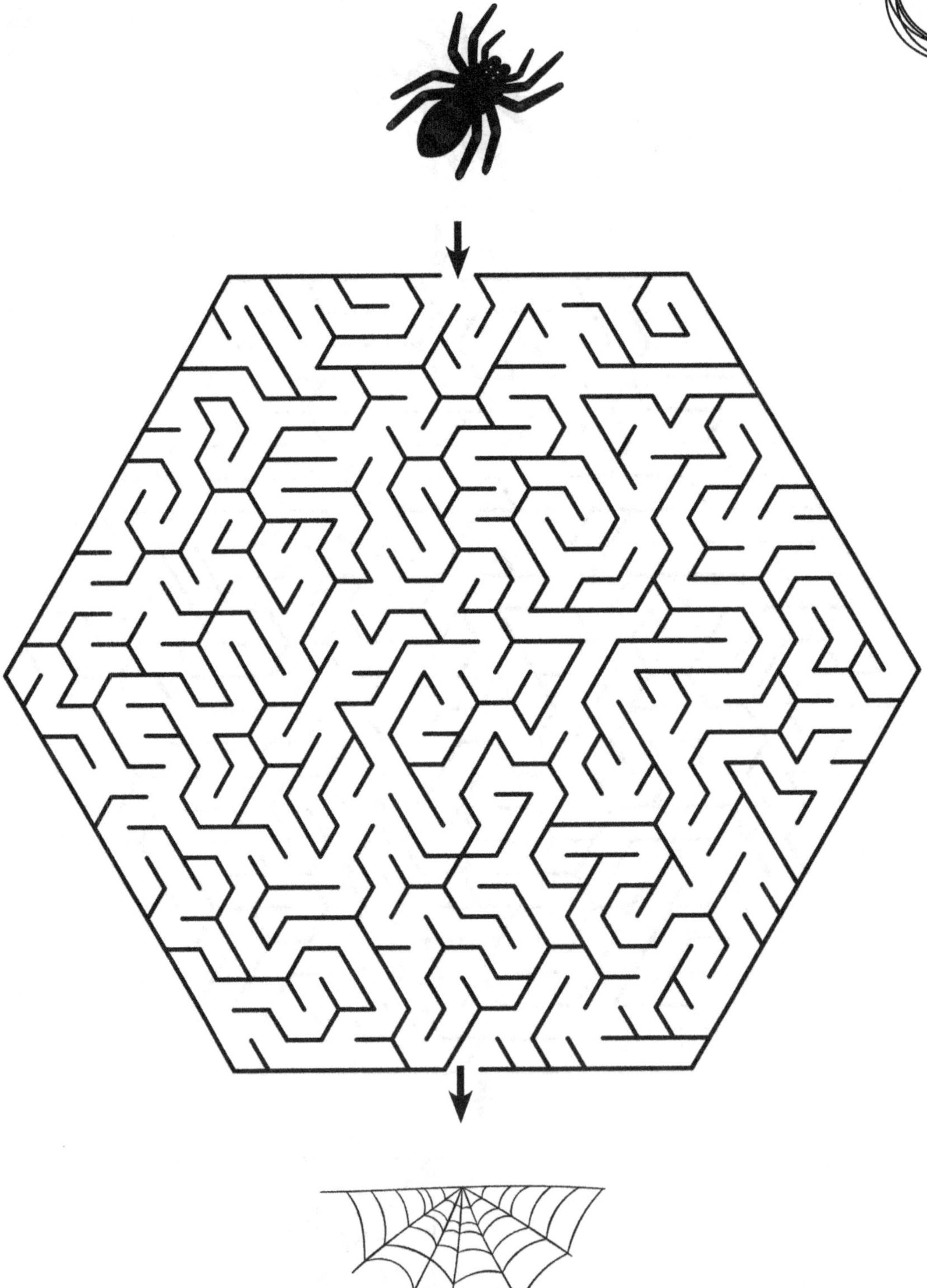

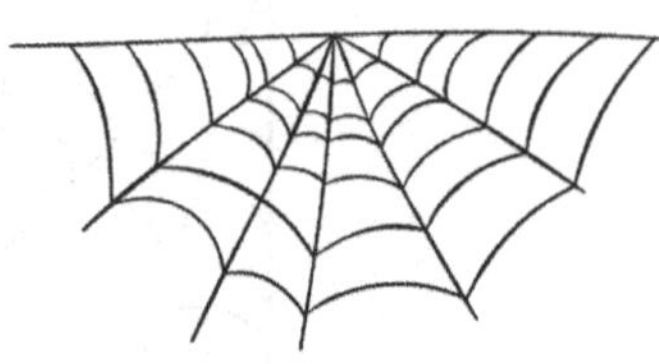

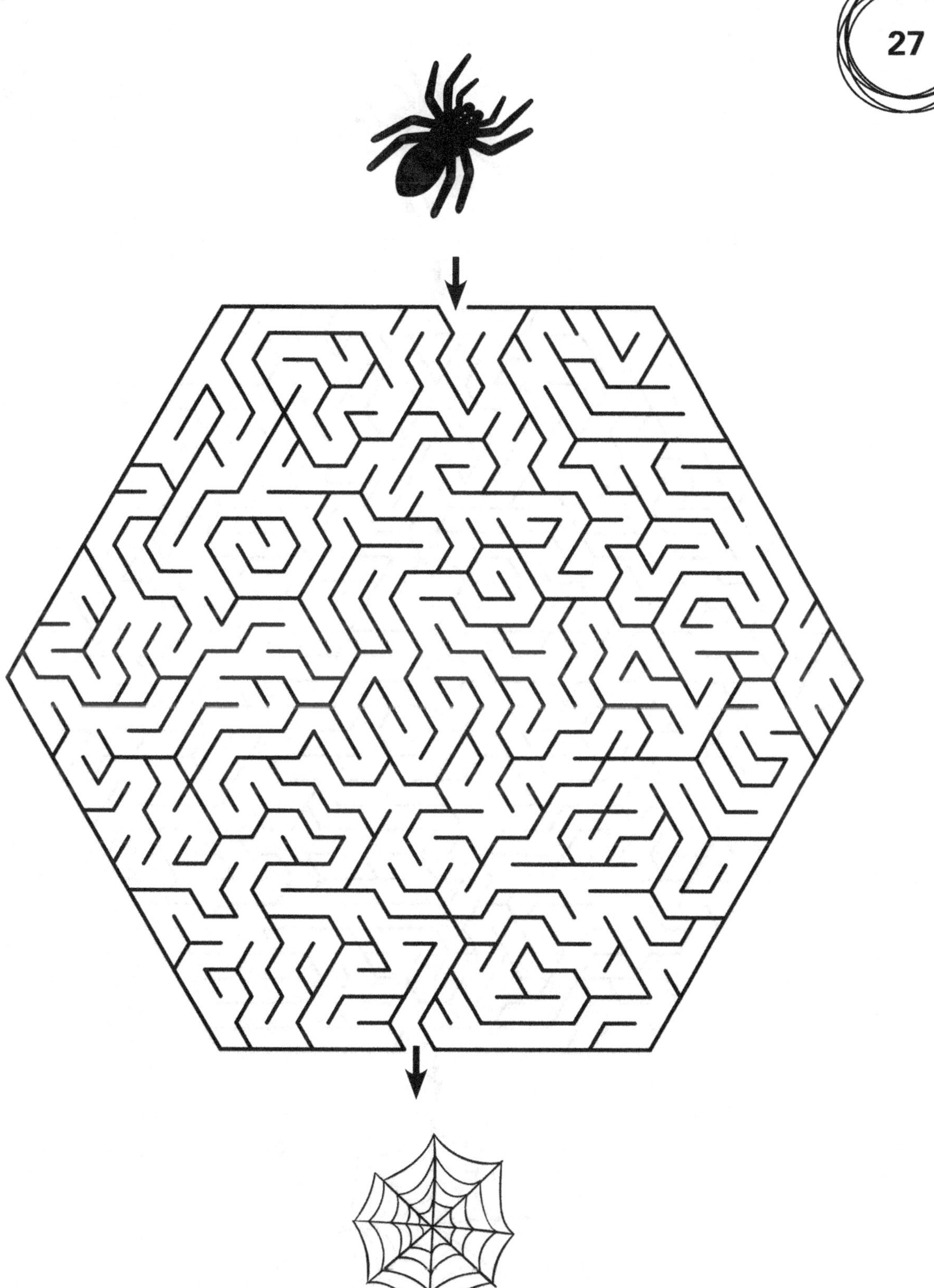

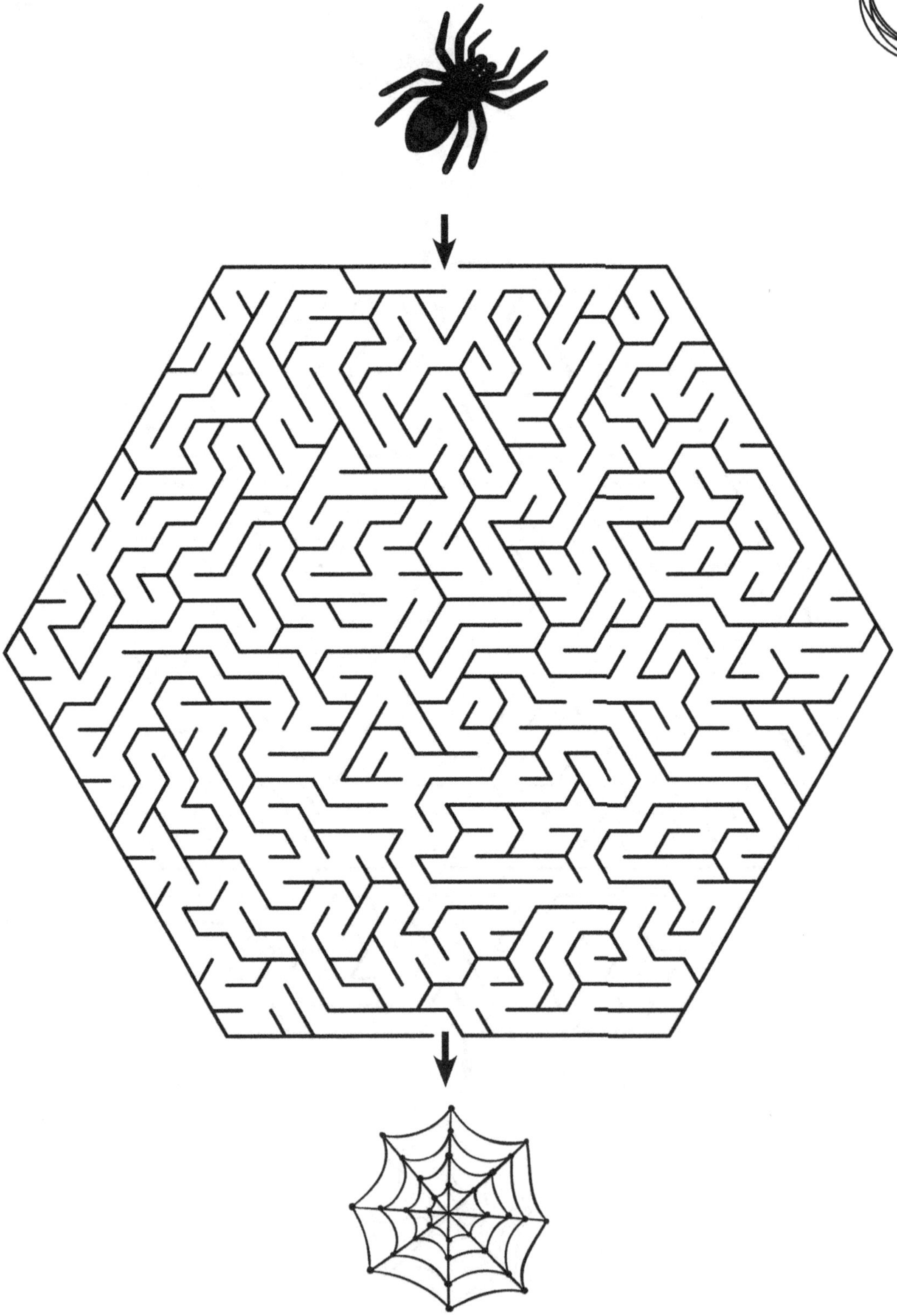

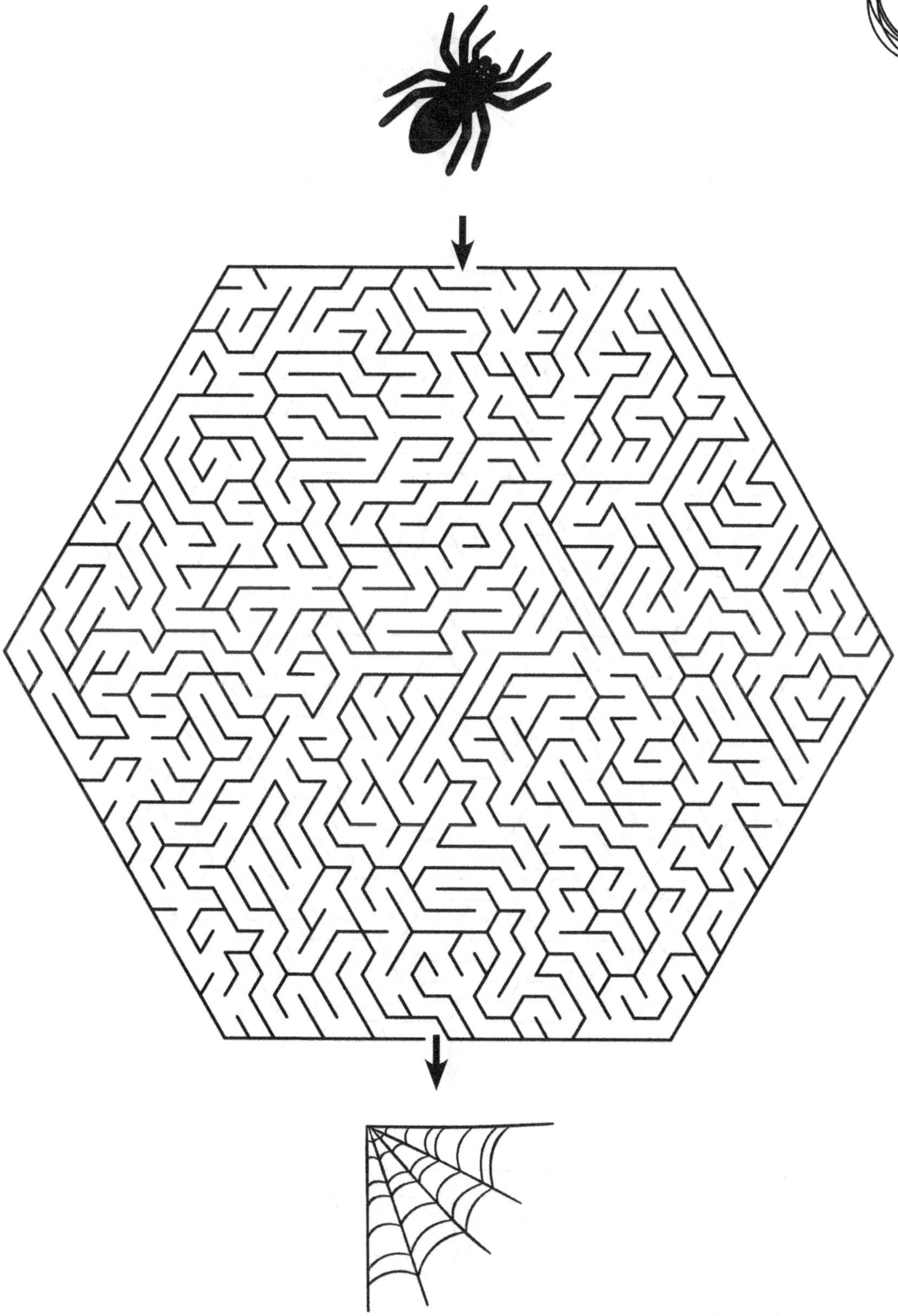

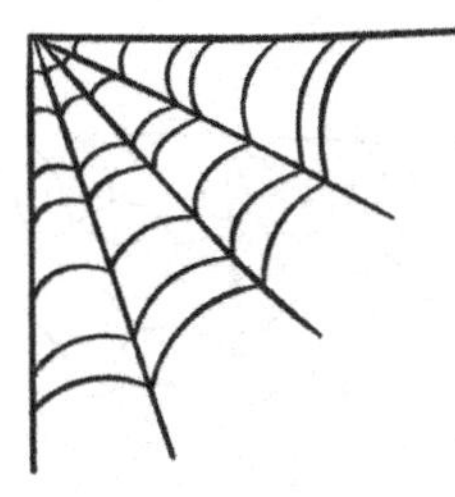

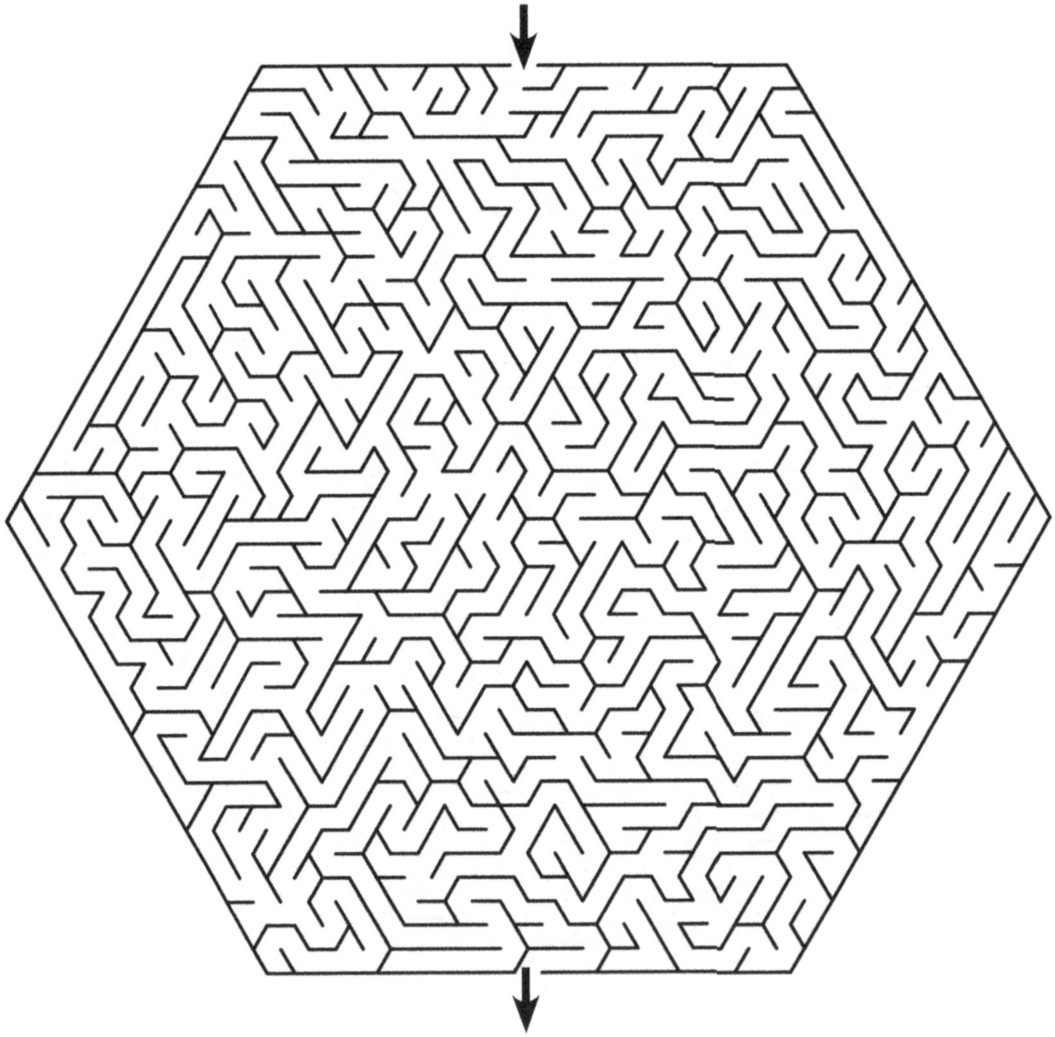

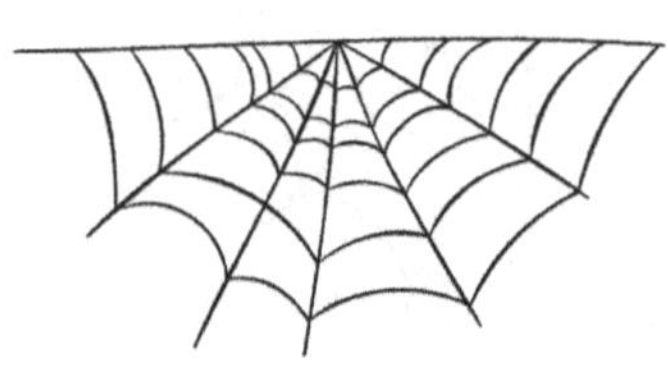

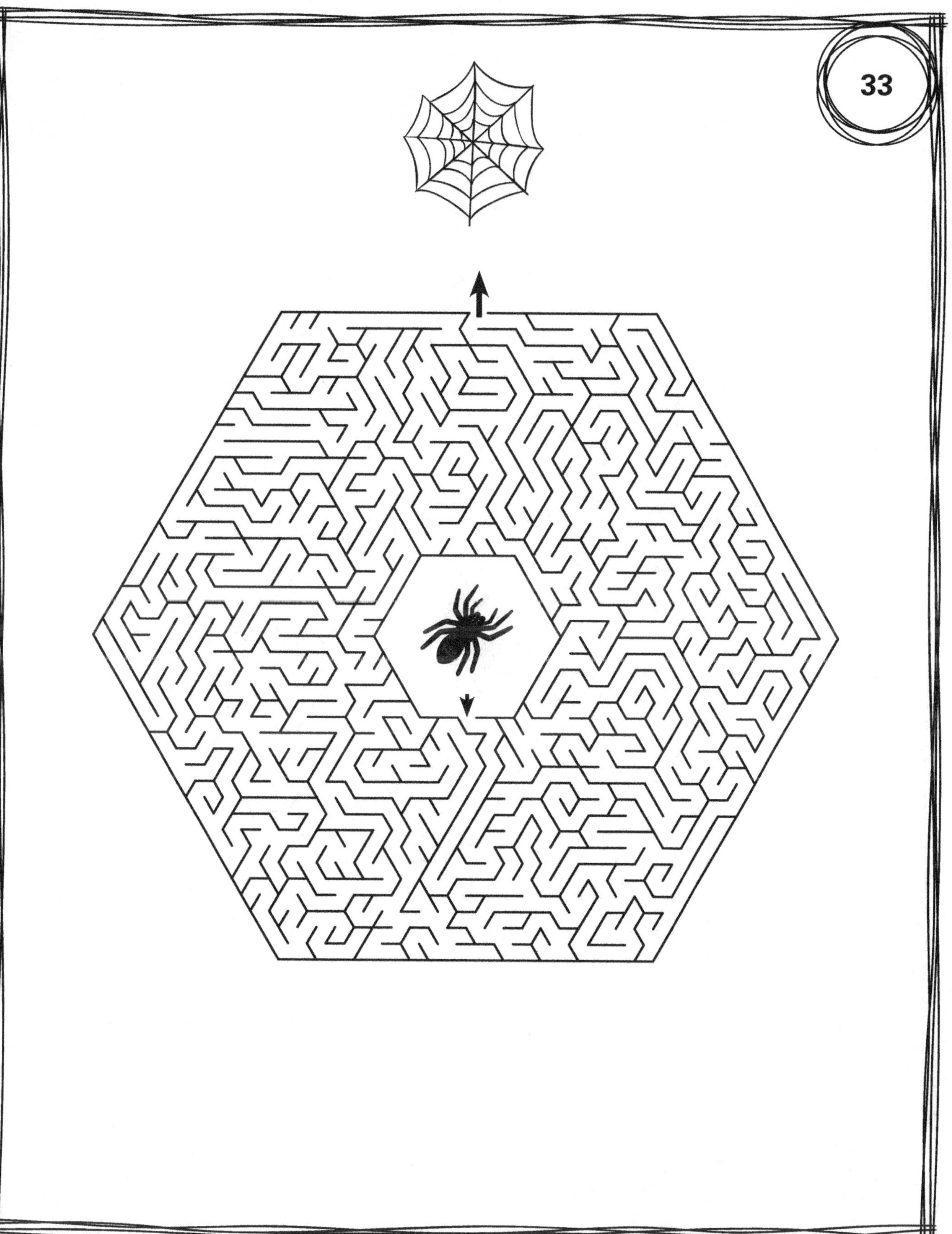

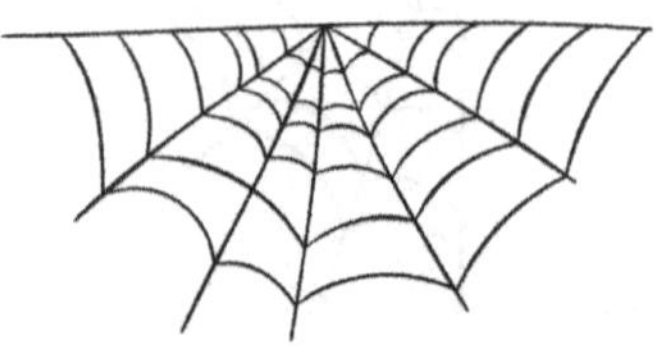

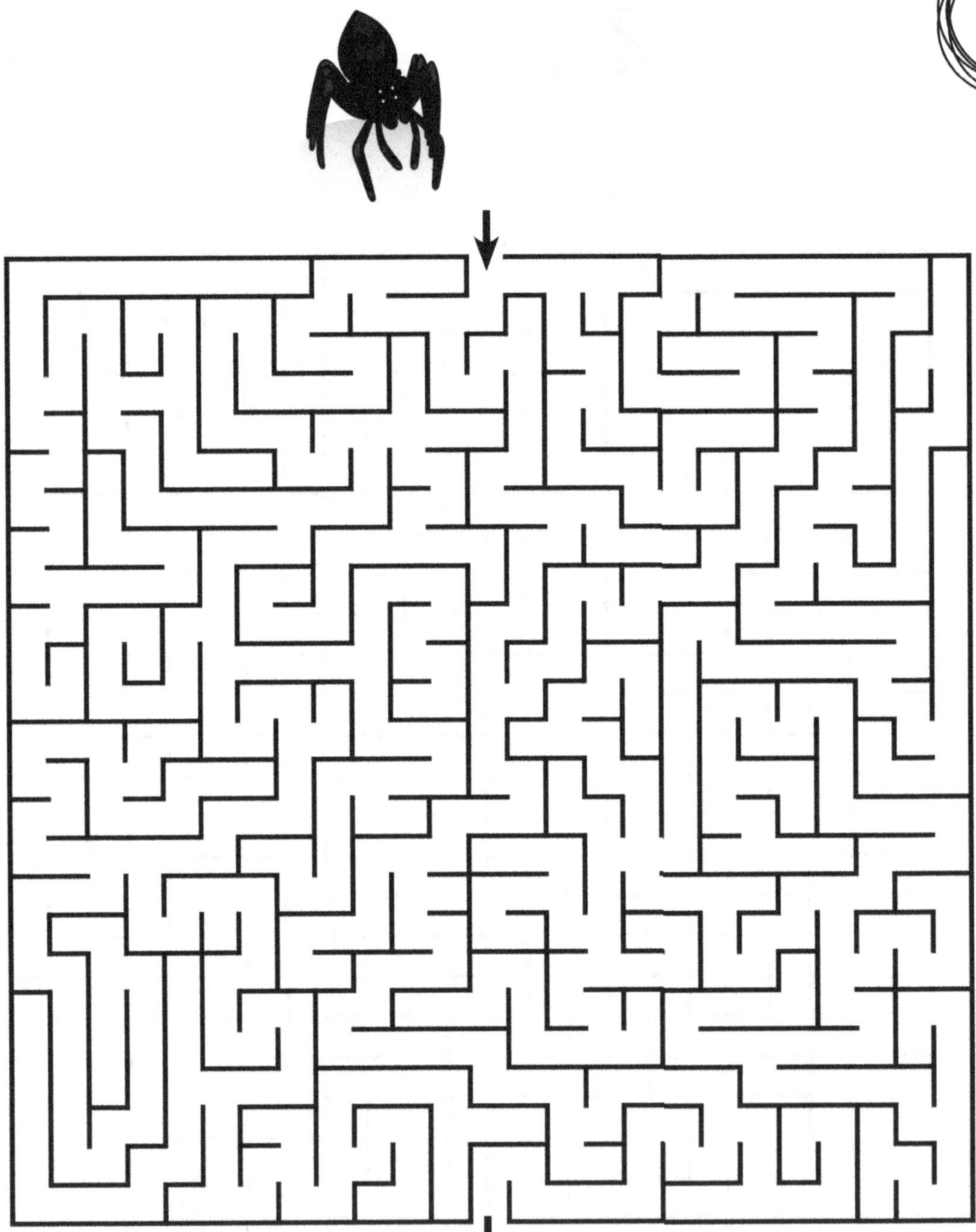

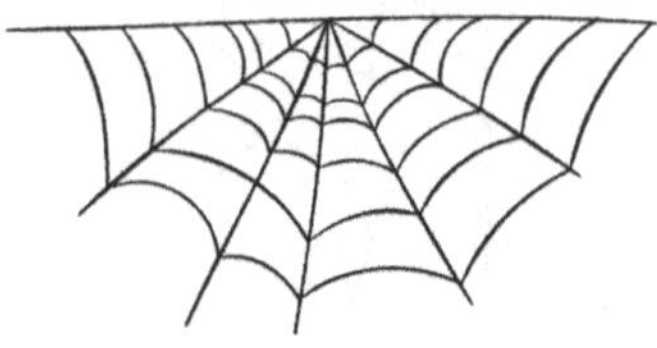

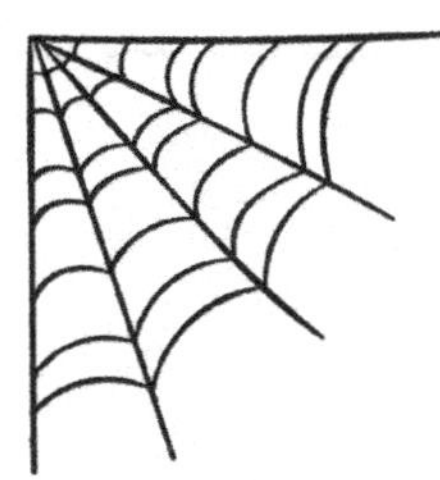

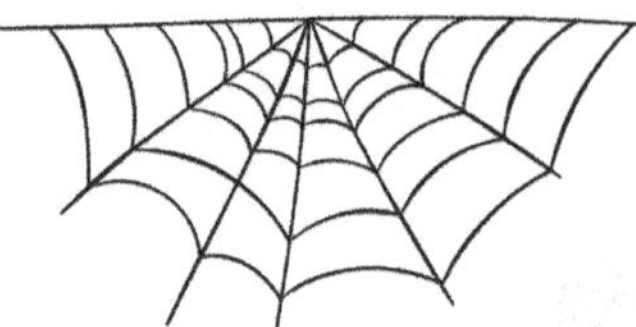

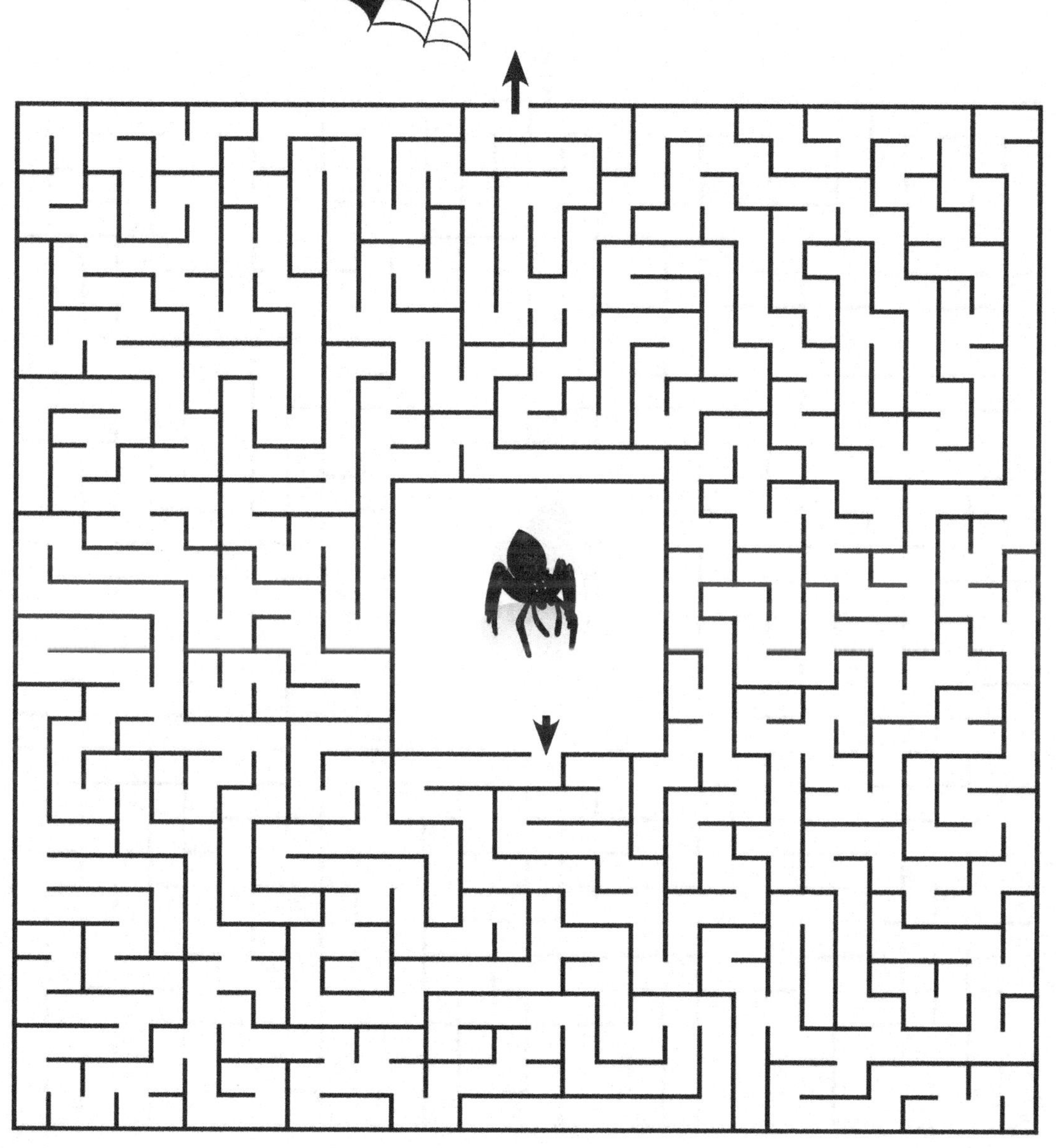

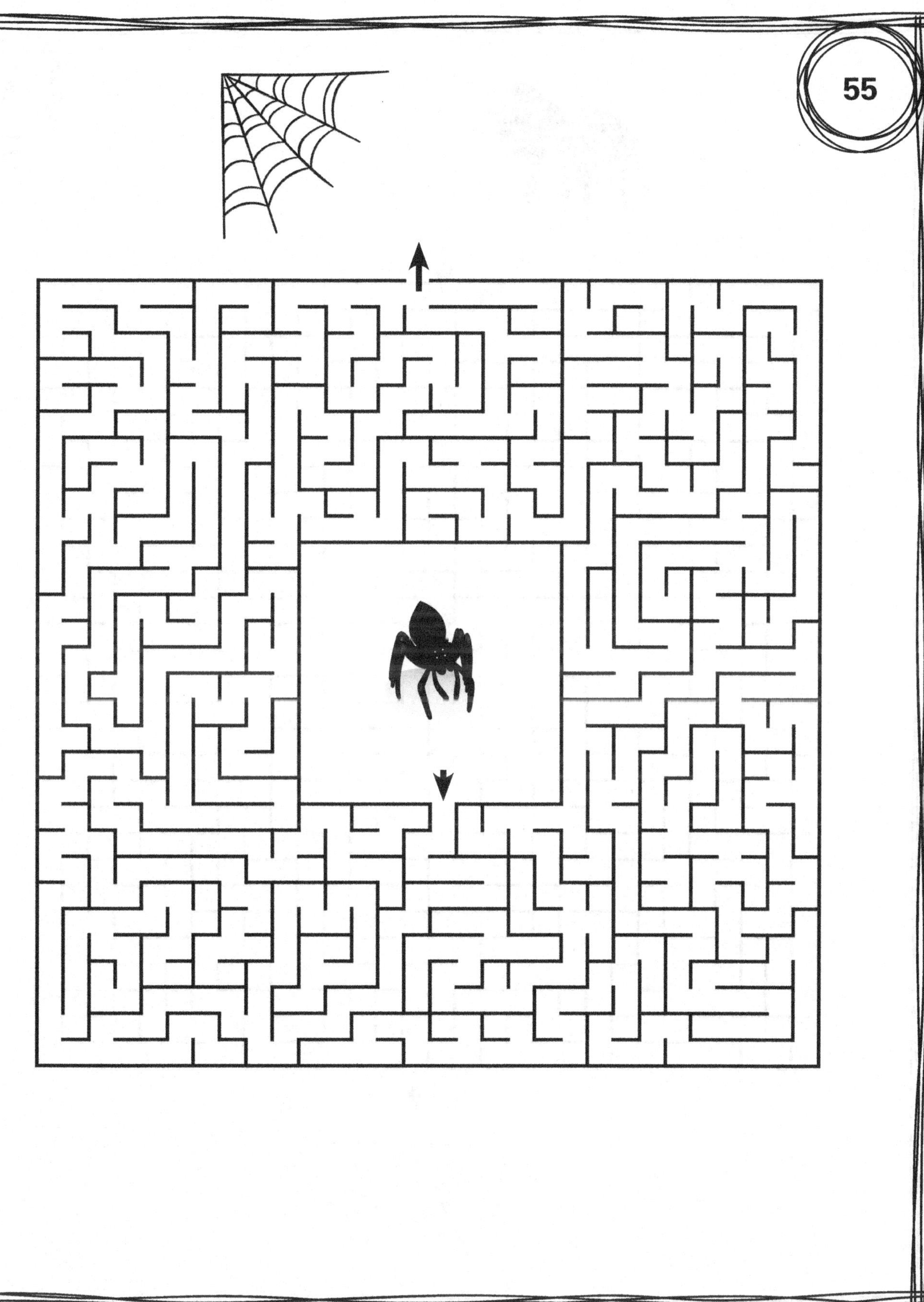

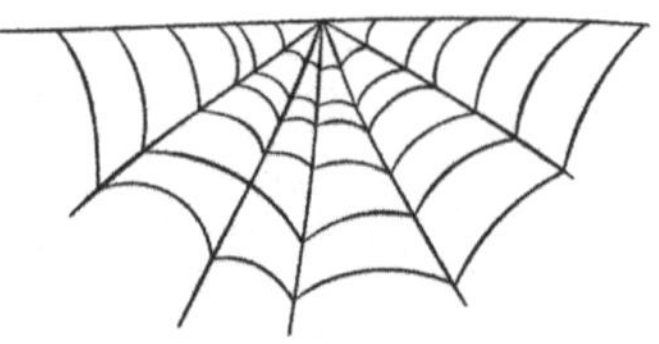

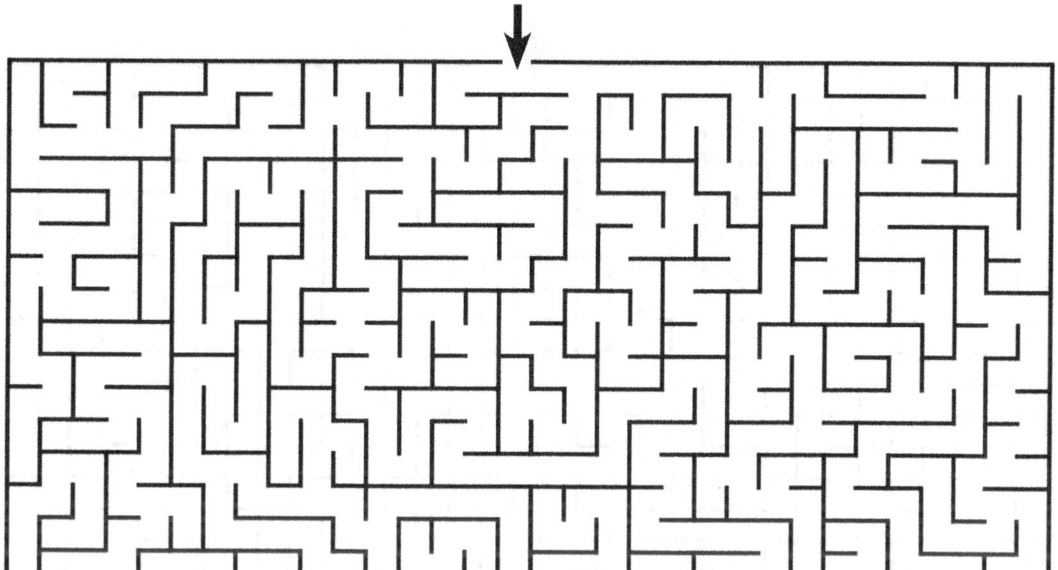

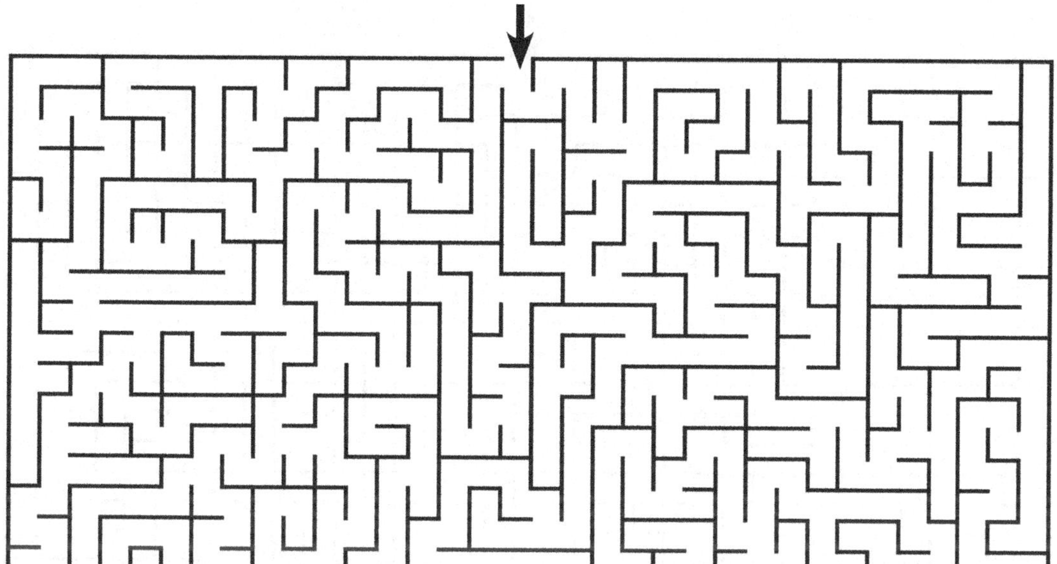

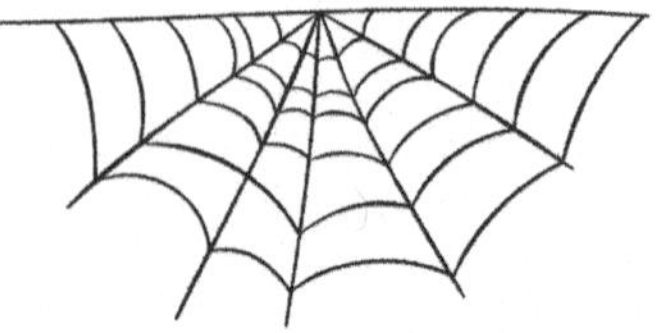

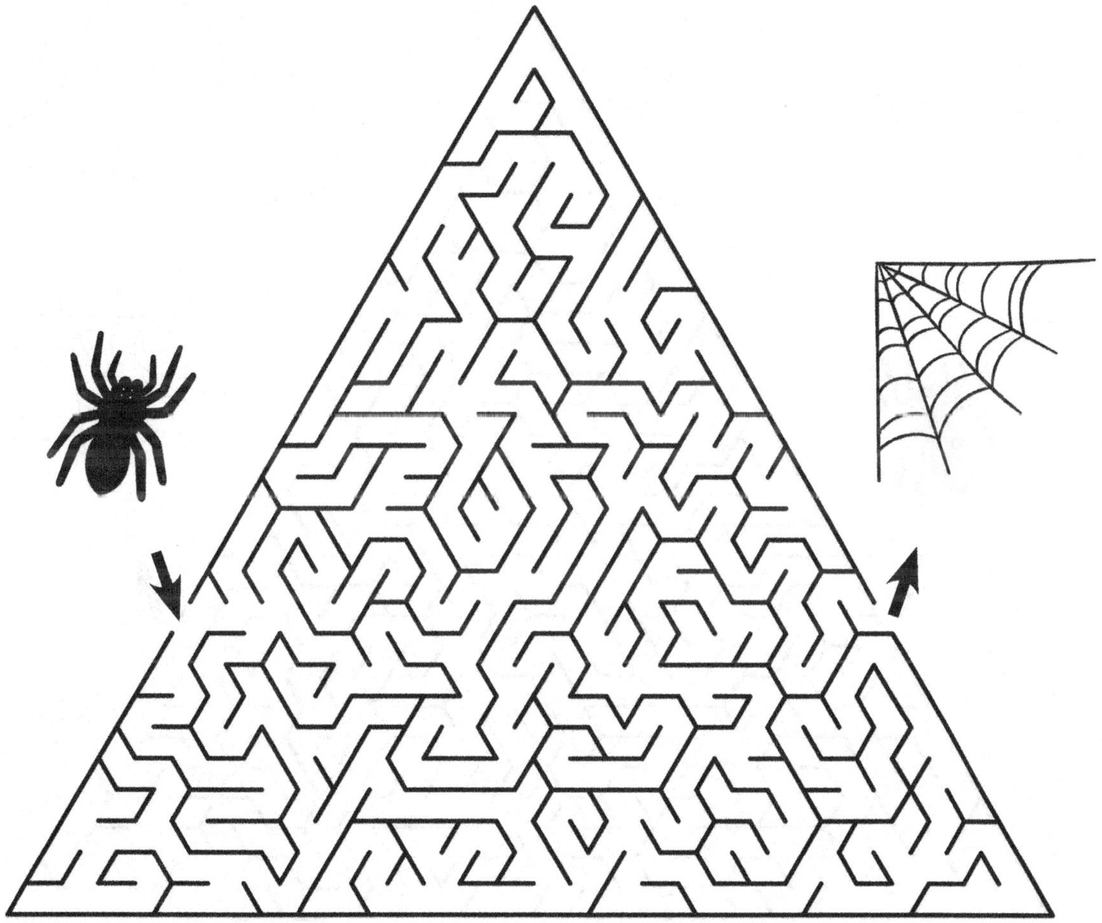

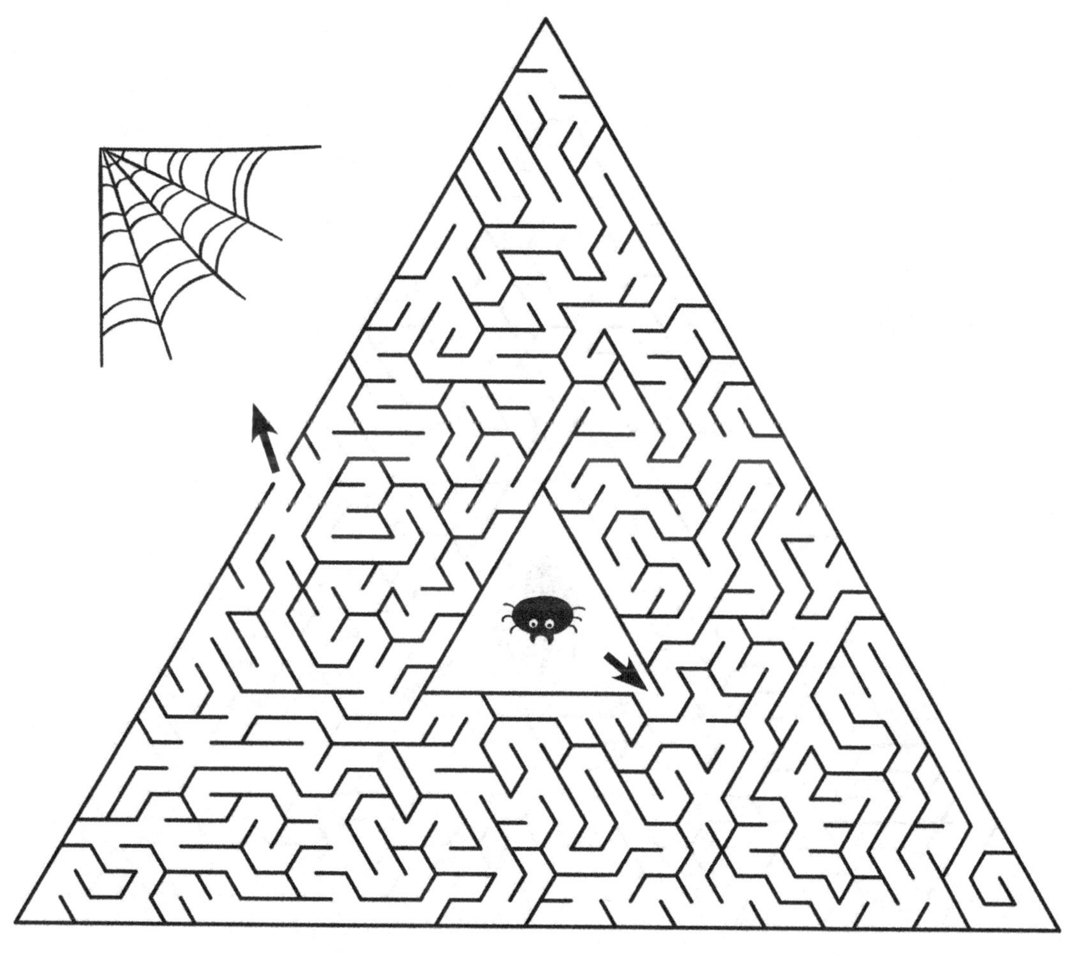

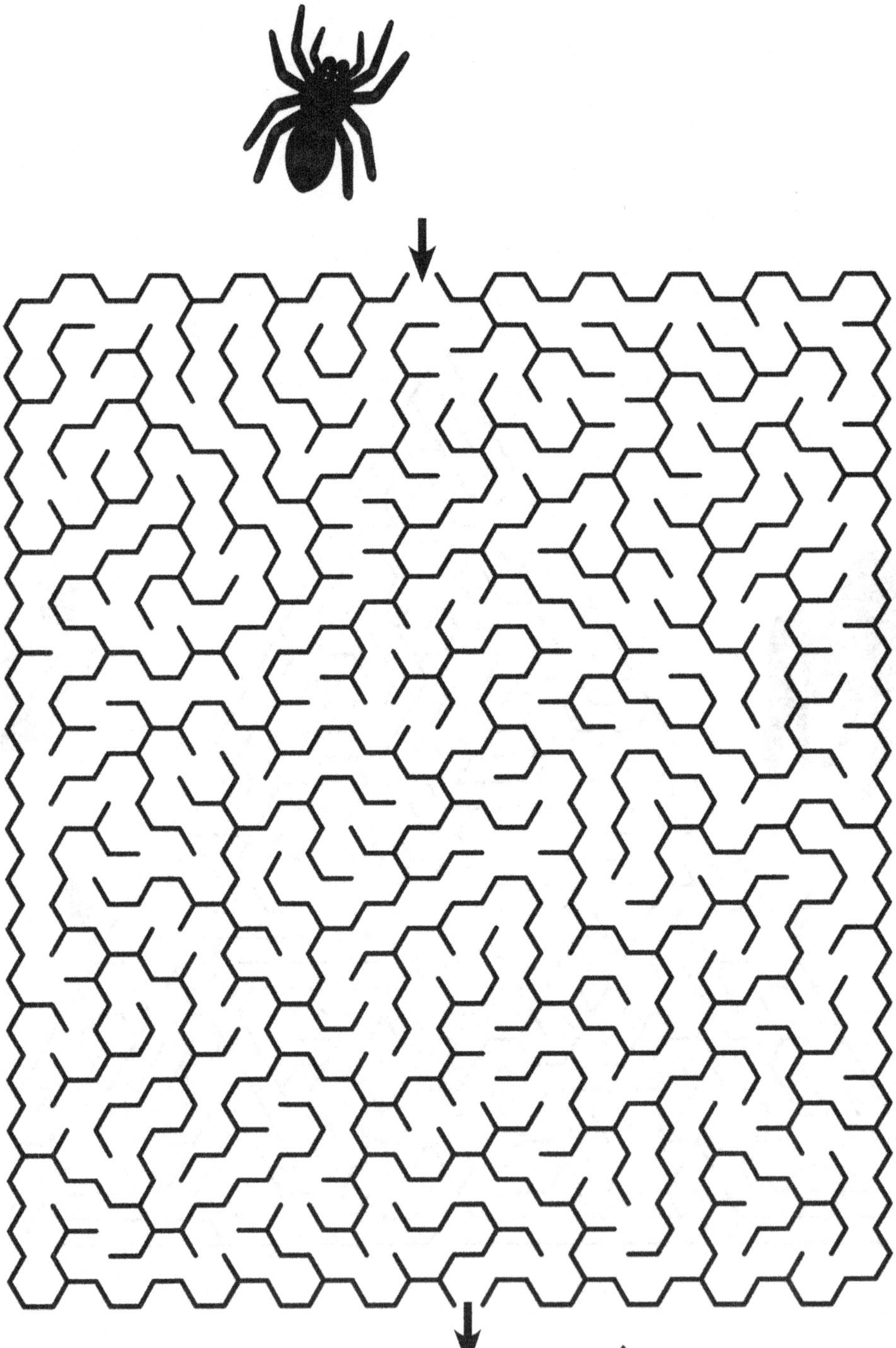

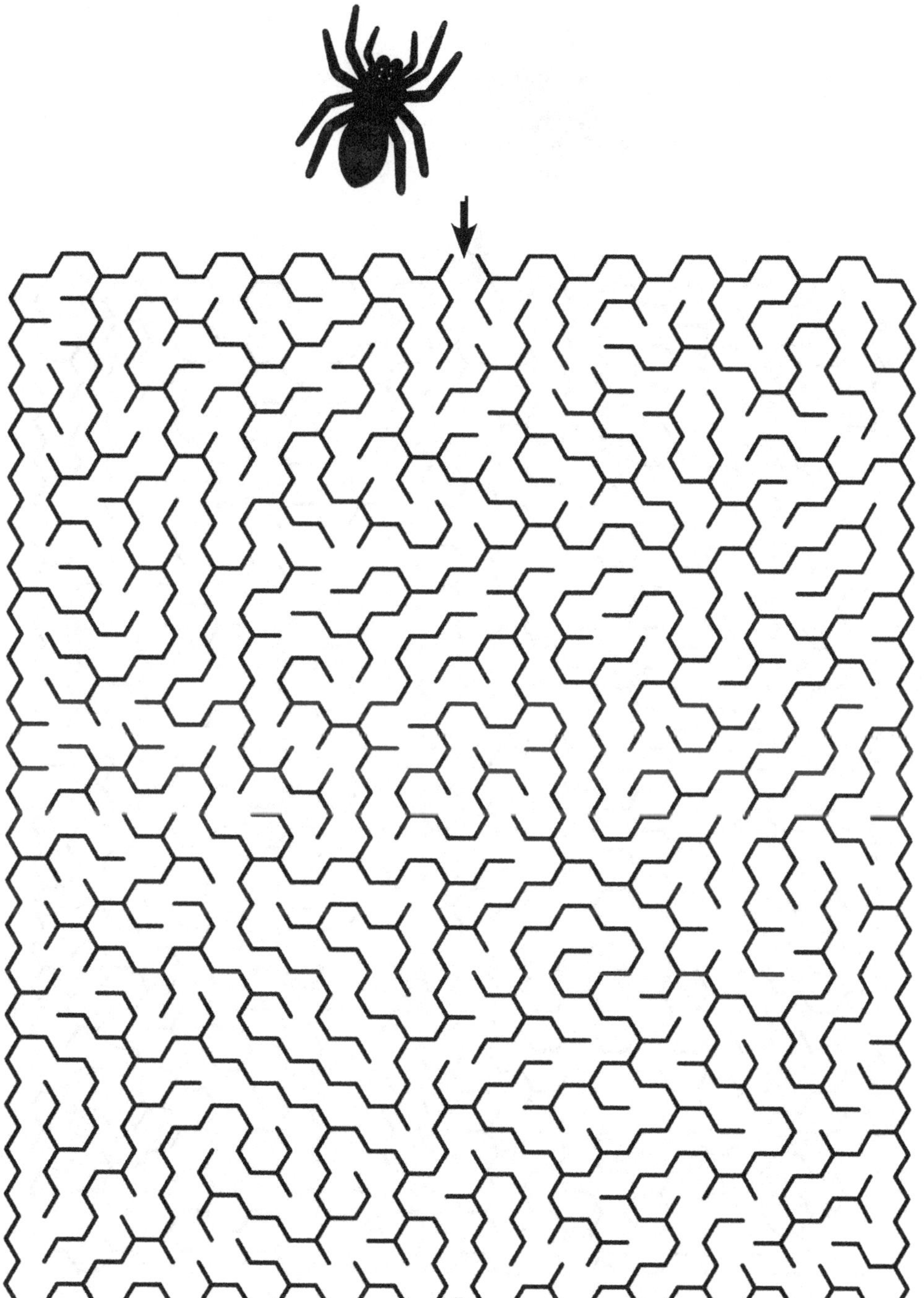

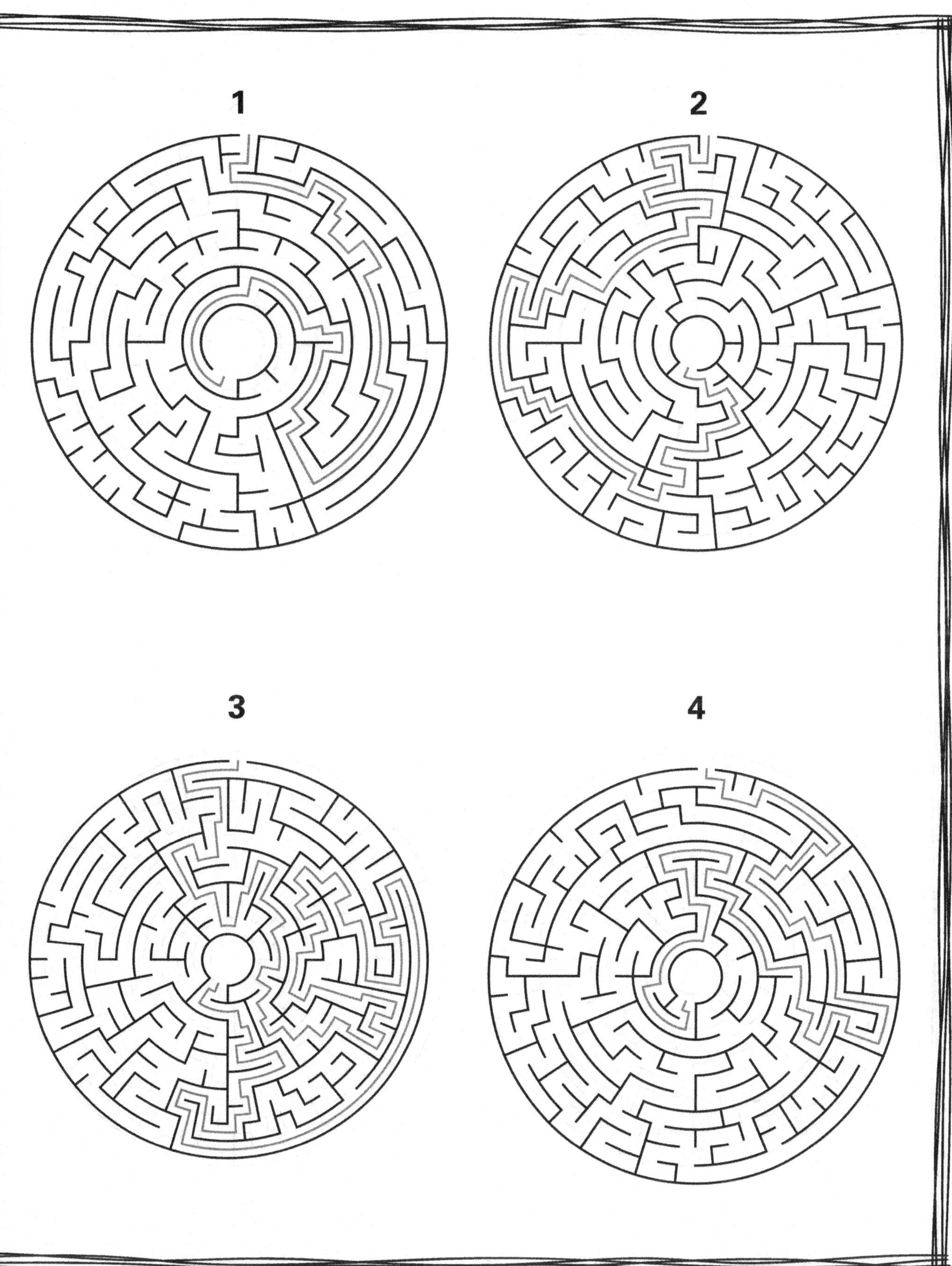

5

6

7

8

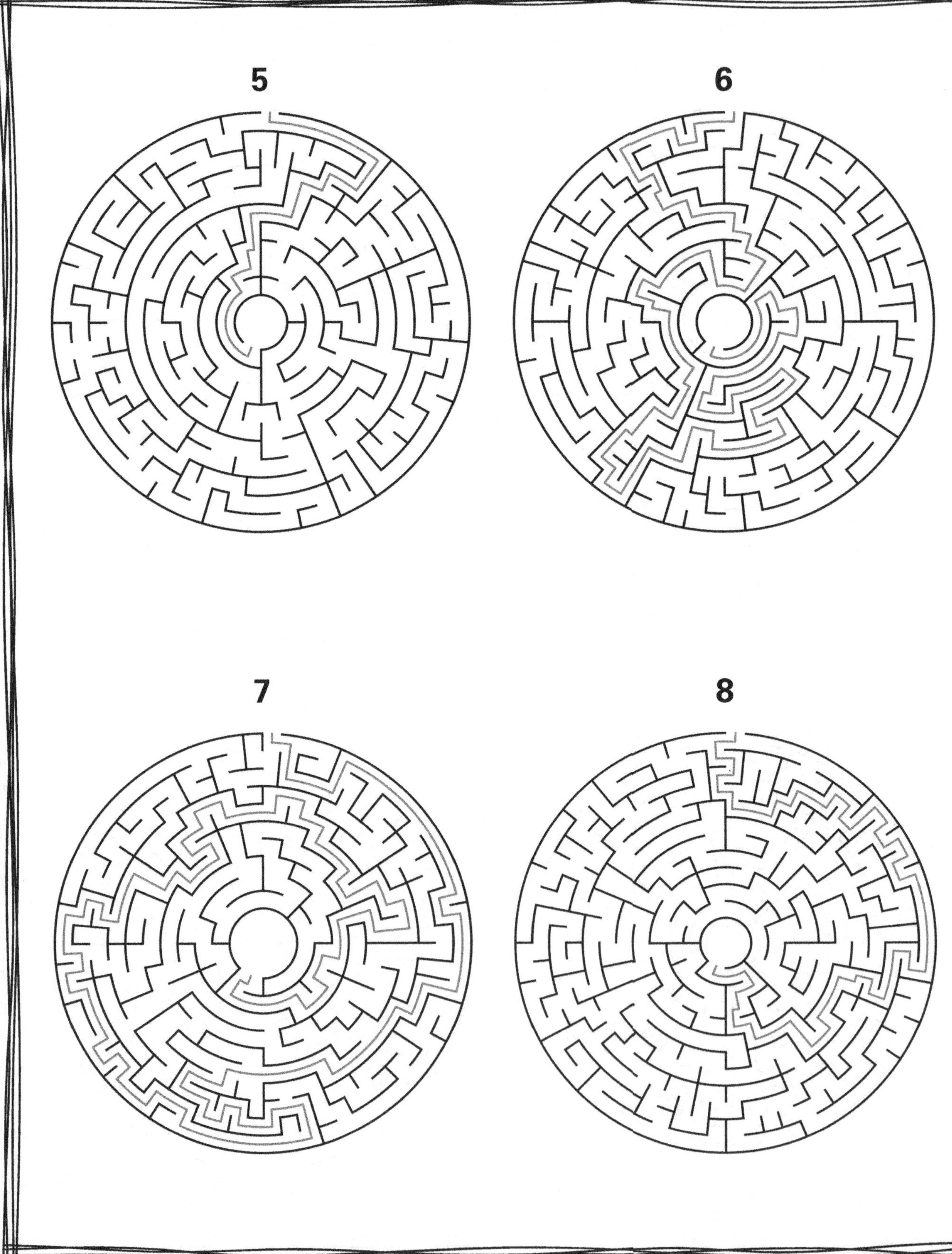

9

10

11

12

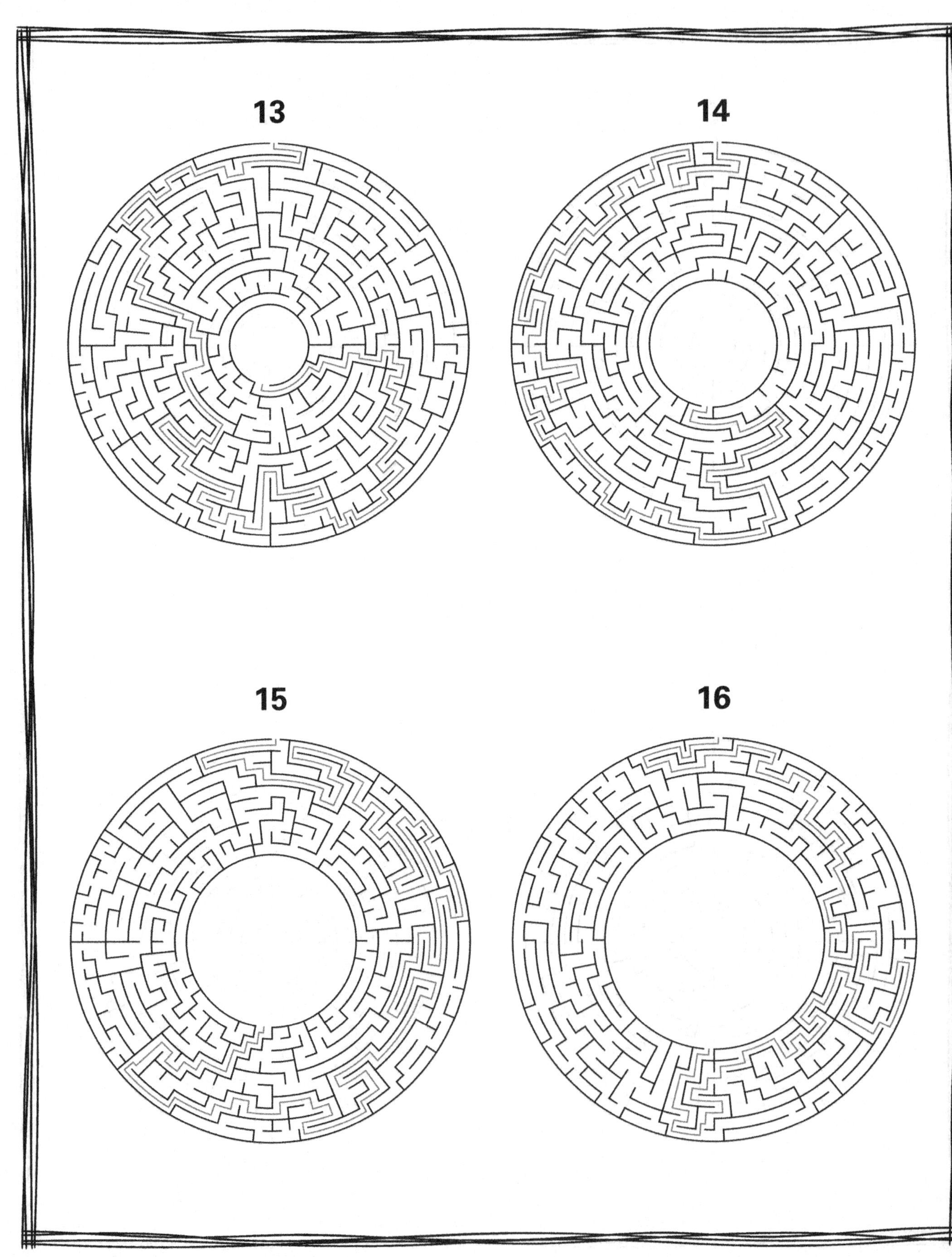
13
14
15
16

17

18

19

20

21

22

23

24

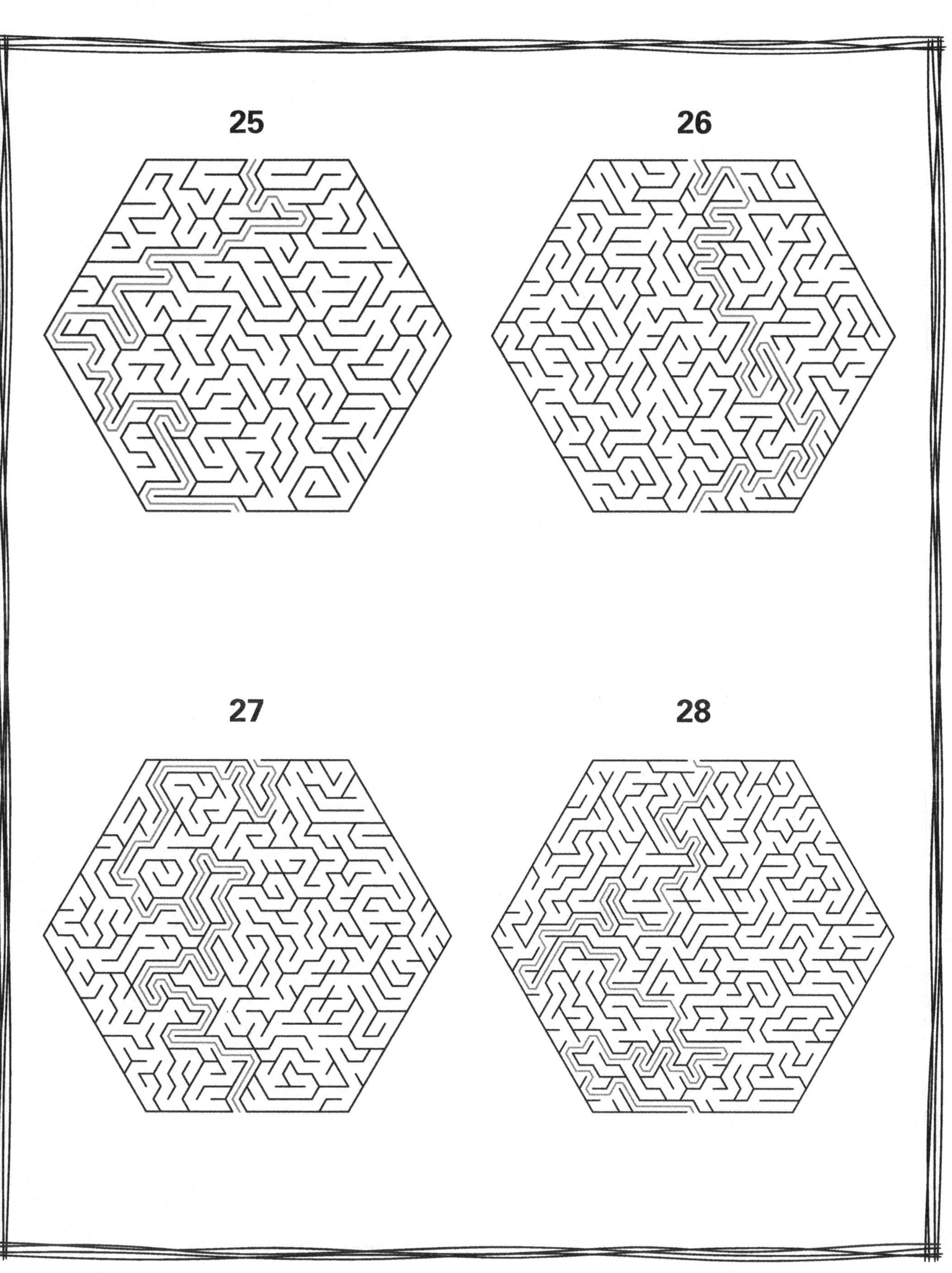

25

26

27

**28

29

30

31

32

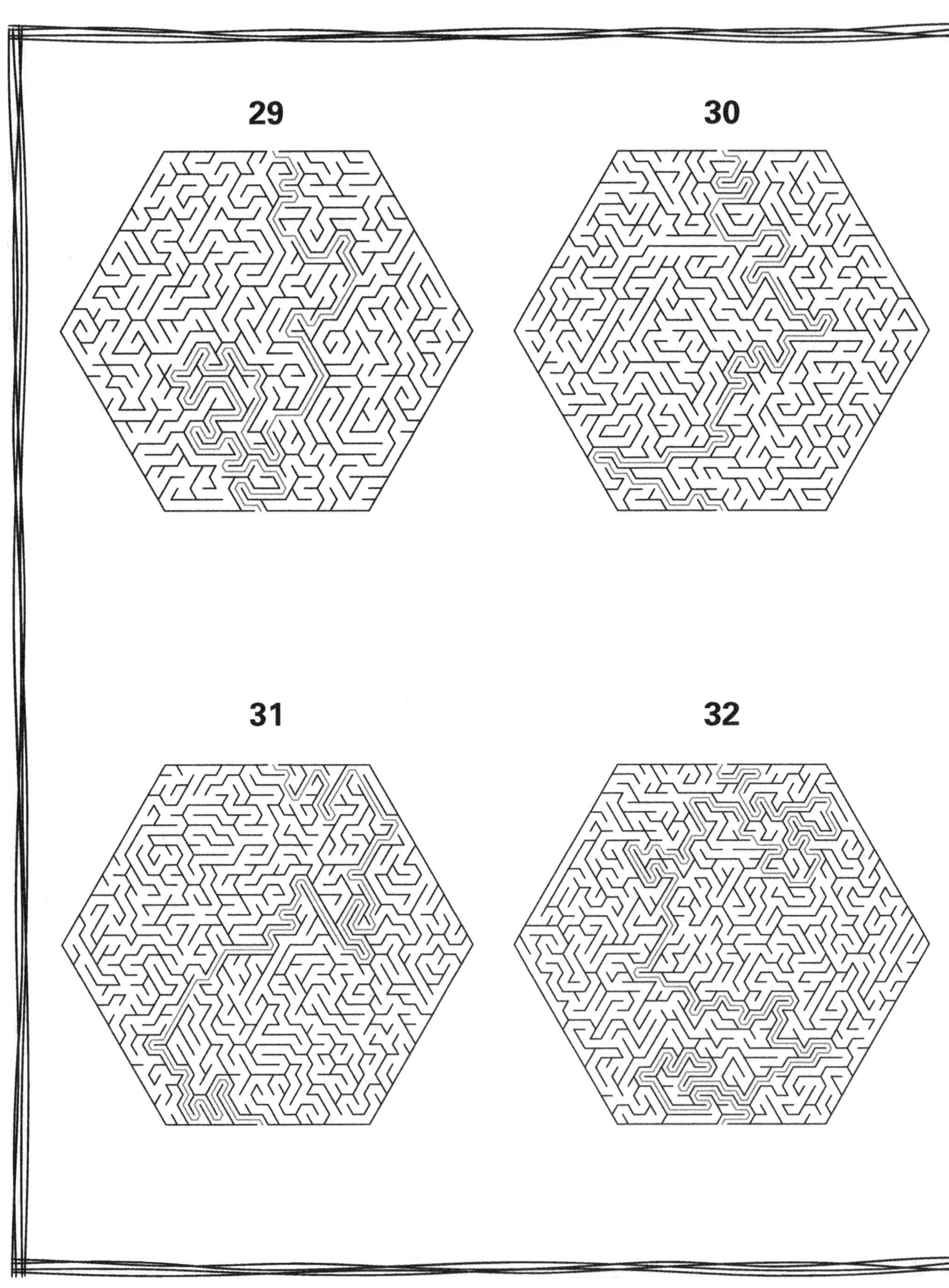

33

34

35

36

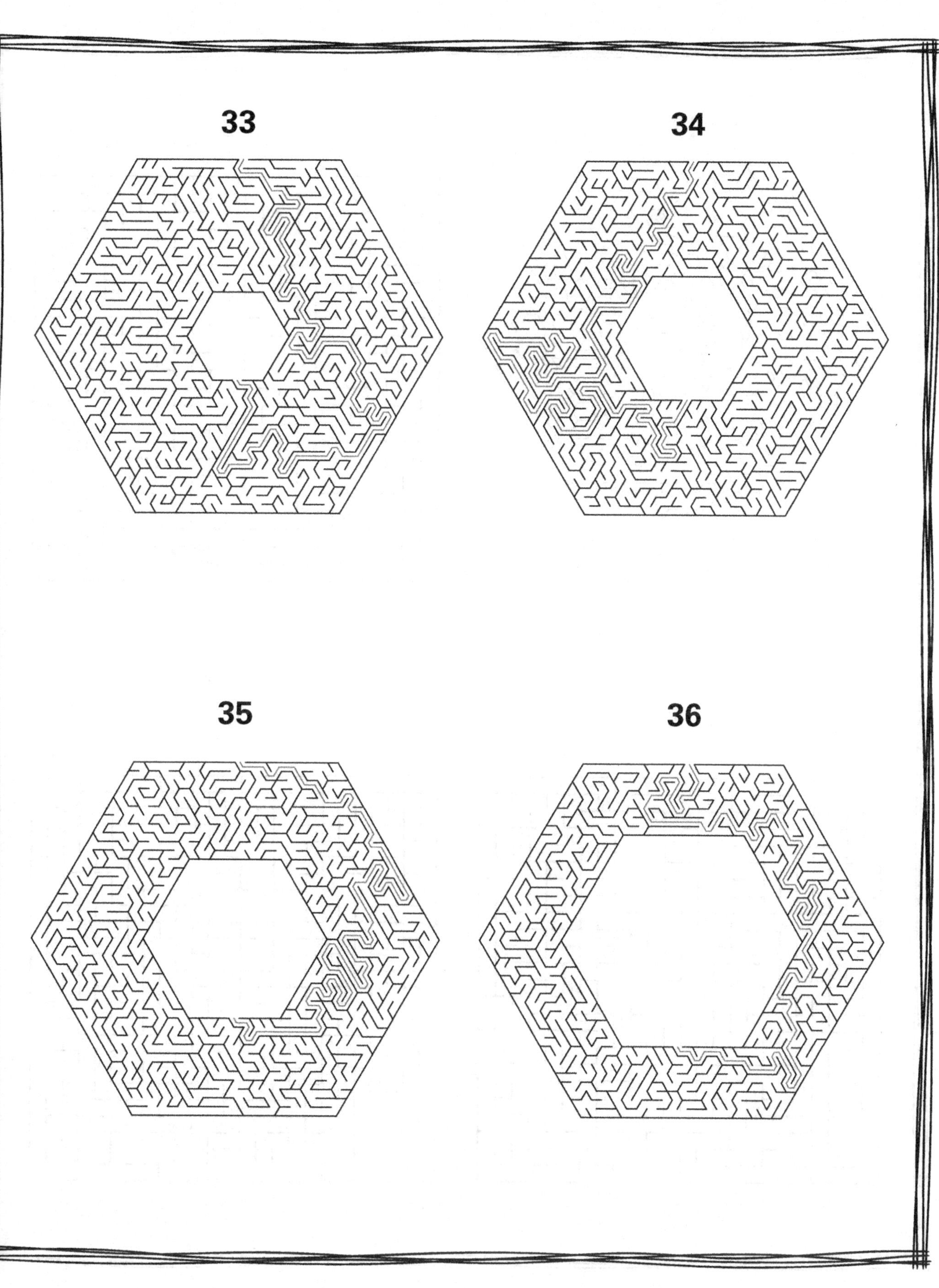

37

38

39

40

41

42

43

44

45

46

47

48

49

50

51

52

53

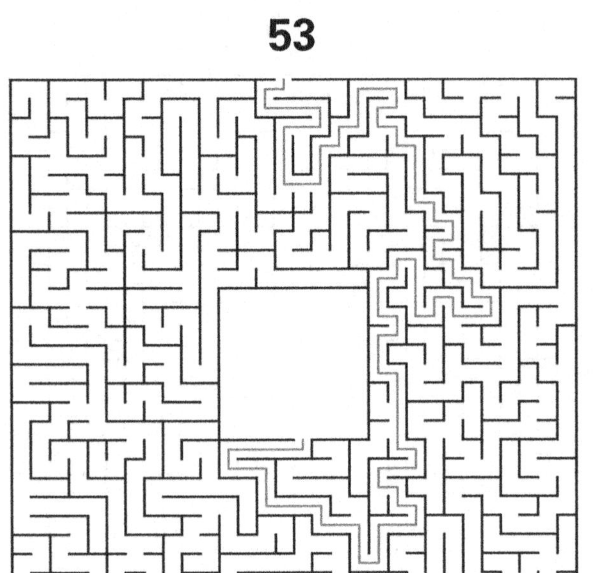

54

55

56

57

58

59

60

61

62

63

64

65

66

67

68

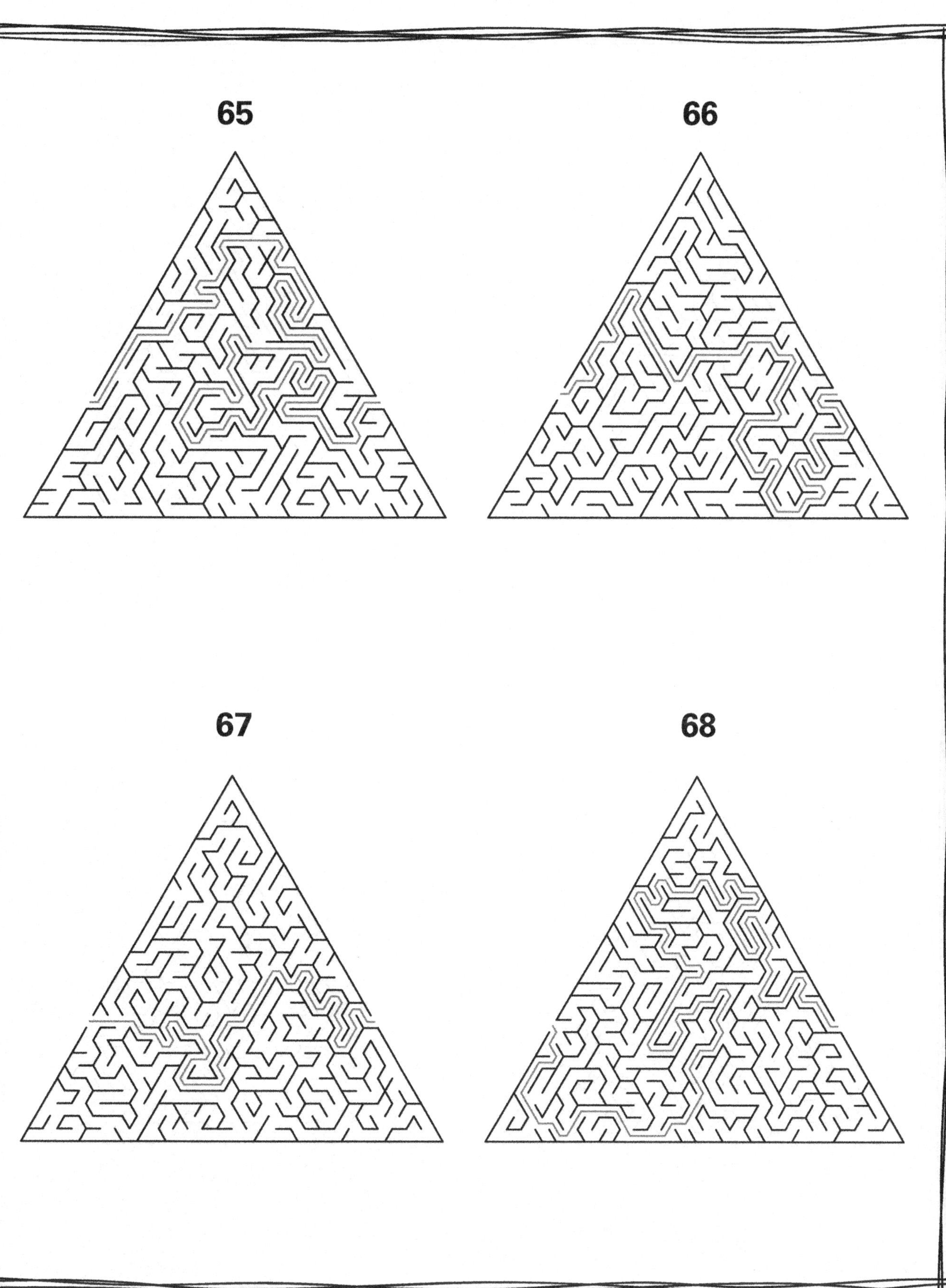

69

70

71

72

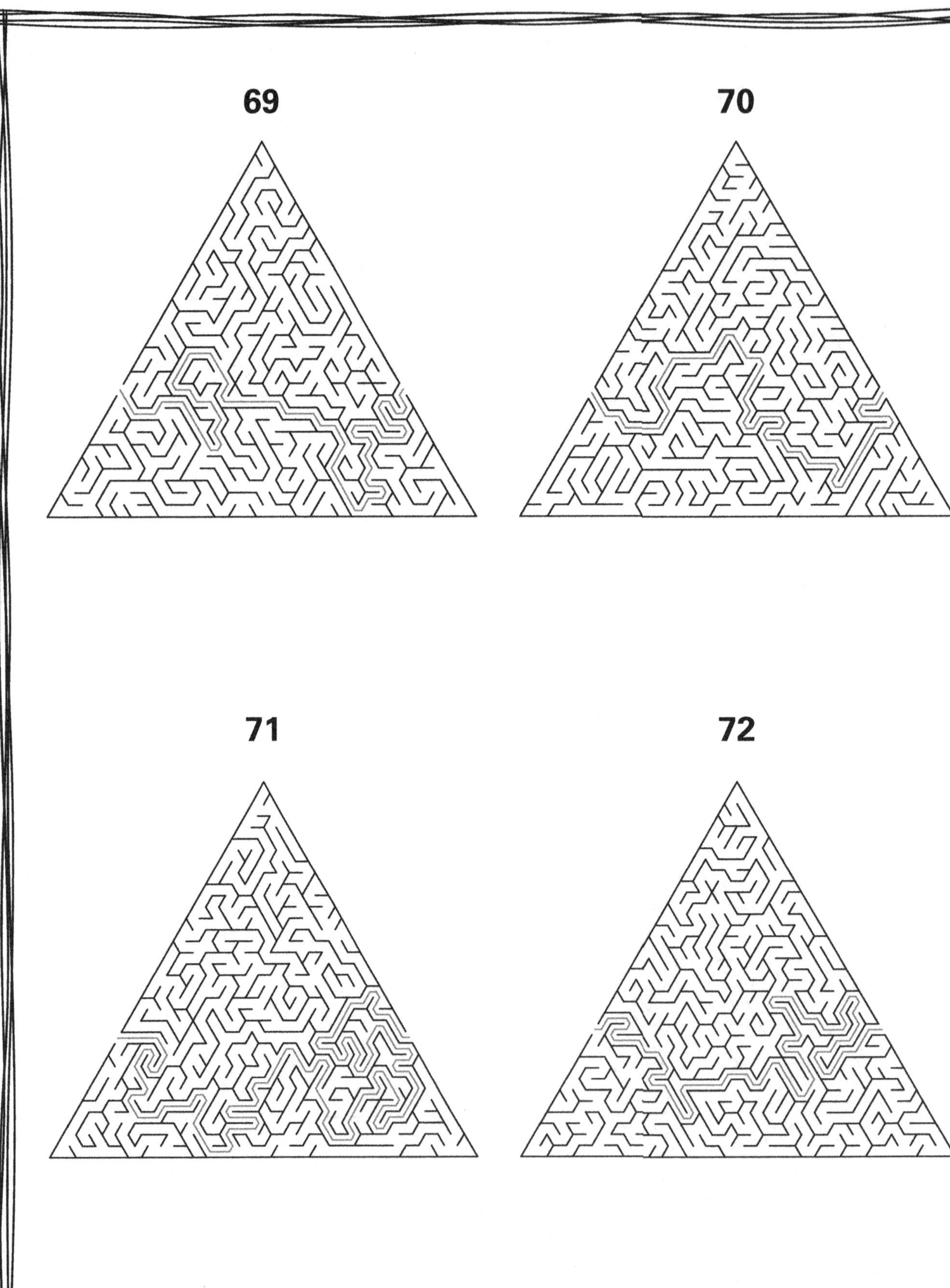

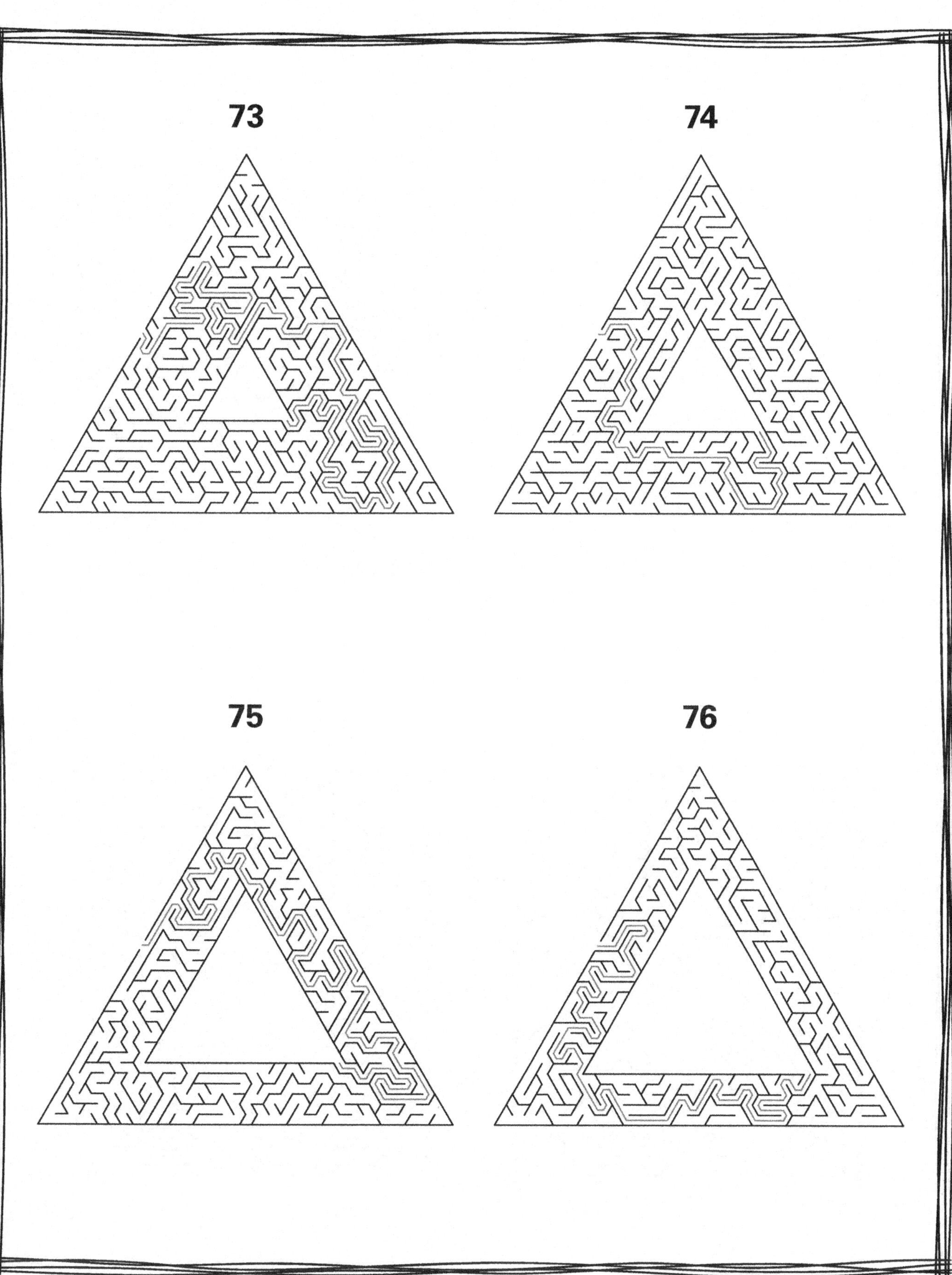

73
74
75
76

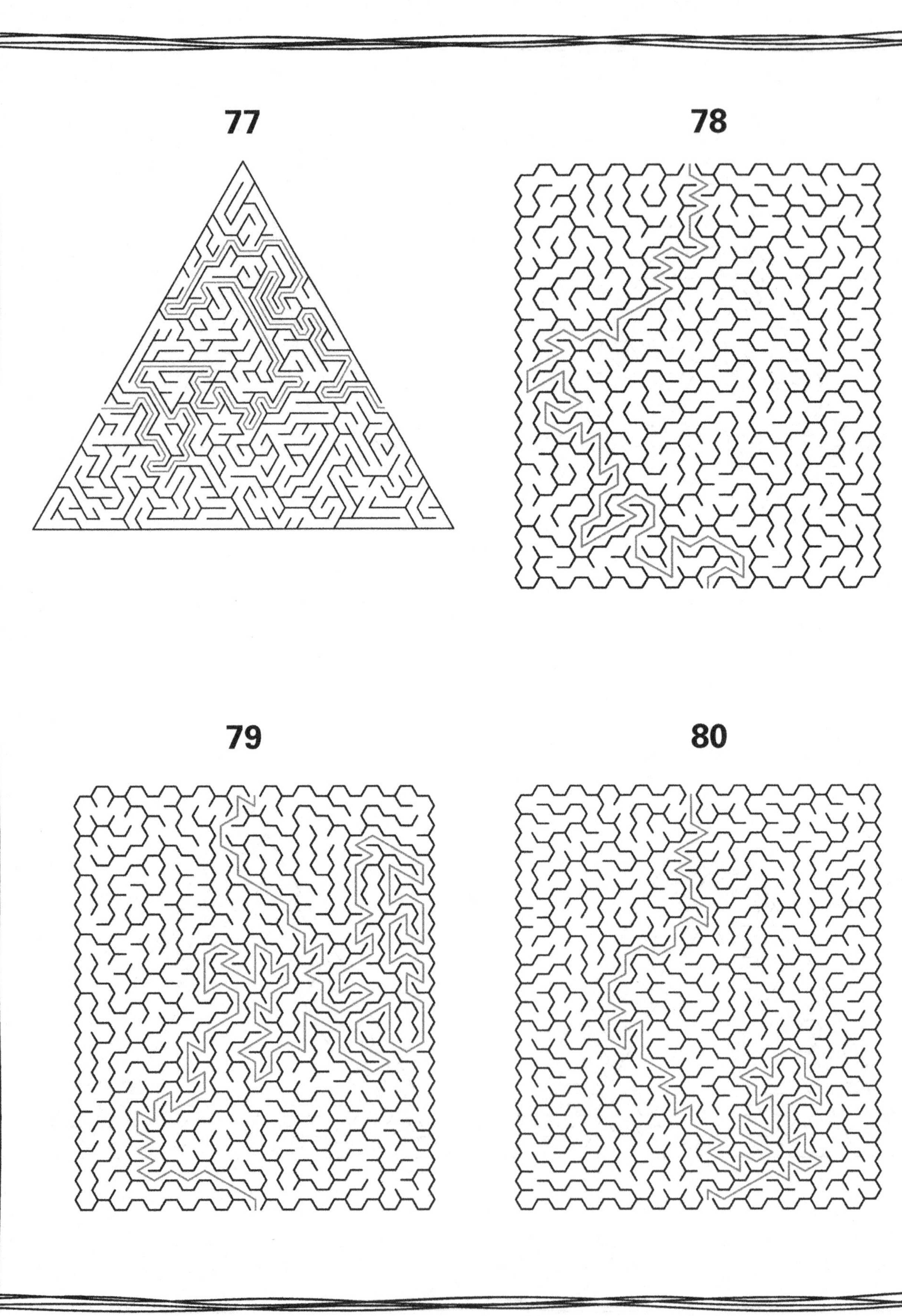

77
78
79
80

81

82

Made in the USA
Monee, IL
07 July 2026